여왕이 세우는 개미나라

민들레자연과학동화 ❷
여왕이 세우는 개미나라

1판 1쇄 발행 | 2000년 6월 27일
1판 21쇄 발행 | 2013년 9월 5일

글쓴이 | 이상배
그린이 | 백명식
펴낸이 | 정중모
펴낸곳 | 파랑새
등 록 | 1988년 1월 21일 (제1-635호)
주 소 | 서울시 마포구 잔다리로 2길 7-0
전 화 | 02-3144-1300 팩 스 | 02-3144-0775
전자우편 | bbchild@yolimwon.com
홈페이지 | www.bbchild.co.kr

Text ⓒ 이상배, 2000
Illustrations ⓒ 백명식, 2000
ISBN 978-89-7057-218-5 77400
ISBN 978-89-7057-216-1 (세트)

• 저자와의 협의로 인지를 생략합니다.
• 저작자와 출판사의 허락 없이 이 책의 일부 또는 전체를 인용하거나 발췌하는 것을 금합니다.
• 책값은 뒤표지에 표시되어 있습니다.

여왕이 세우는 개미나라

이상배 글 | 백명식 그림

파랑새

읽기 전에

우리가 살고 있는 지구에는 어디에나 생물체가 살고 있습니다.
생물체란 살아 있는 물체를 말합니다.
생물계를 크게 나누면 동·식물로 구분합니다.
그리고 동물 중에는 곤충류의 동물이 있습니다.
동물의 특징은 자기 몸을 스스로 움직이며 생활하는 것입니다.
그러나 식물은 한곳에만 자랍니다.
동물은 먹이를 찾아 돌아다니며,
먹이를 얻기 위해 싸움도 벌입니다.
식물은 공기·물·햇빛이 영양분이 됩니다.
지구에 살고 있는 곤충은 약 80만 종이 되며,
이는 전체 동물 중의 70퍼센트를 차지하는 숫자입니다.
식물은 약 35만여 종이 살고 있습니다.
우리가 살고 있는 지구는 곤충의 왕국이며 식물의 왕국입니다.
그리고 동물의 왕국이기도 합니다.
동·식물의 세계는 흥미롭고 신비합니다.
그리고 슬기로움과 질서가 있습니다.
어린이 여러분! 신비한 동·식물의 세계를 재미있는
동화와 그림으로 읽고 관찰해 보세요.
그리고 자연과 생물을 사랑해 주세요.

글쓴이 이상배

차례

여왕이 세우는 개미나라 / 7

해를 바라고 피는 태양꽃 / 31

뻐꾹뻐꾹, 뻐꾸우욱 / 55

개미 이야기

여왕이 세우는 개미나라

왕개미나라는 땅속에 있습니다.
산자락 끝에 아카시아나무가 무성한 숲입니다.
아카시아나무에는 하얀 꽃이 주렁주렁 피었습니다.
달콤한 향기가 멀리까지 번집니다.
"아, 날씨도 좋고 꽃도 피고 참 좋은 날이구나!"
"여왕개미가 날을 잘 잡았군."
"그럼, 얼마나 기다리고 기다리던 경사인데."
수캐미들은 일찍부터 집 밖에 나와 있었습니다.
모두들 등에 하얀 날개를 달고 있었습니다.
그동안 수캐미들은 오늘을 얼마나 기다려
왔는지 모릅니다.

며칠 전, 여왕개미가 '결혼 비행' 날짜를 알려 주자
수캐미들은 일제히 환호성을 질렀습니다.
'내가 여왕개미와 꼭 결혼해야지.'
모두들 똑같은 마음을 가지고 있었습니다.
수캐미들이 날개를 가지고 있는 것은
일생에 오직 한 번, 결혼 비행을 위해서였습니다.
누구나 결혼 비행을 떠날 수는 있지만
결혼을 할 수는 없었습니다.
수많은 수캐미들 중에 가장 높이 나는 수캐미가
여왕개미와 짝짓기를 하는 것입니다.
수캐미들은 열심히 힘을 길러 왔습니다.

여왕이 세우는 개미나라
11

"여왕개미 나오신다."
드디어 결혼 비행을 위해 여왕개미가 밖으로 나왔습니다.
여왕개미는 이제 한 번 나온 집으로는
다시 들어가지 못합니다.
결혼을 하고 나면 새로운 개미나라를 세워야 합니다.
여왕개미의 두 날개가 유난히 컸습니다.
"여러분, 행운을 빌어요."
여왕개미가 수캐미들에게
인사를 했습니다.
그리고 힘차게 날아올랐습니다.

뒤따라서 수캐미들이 날아올랐습니다.
수백 마리의 개미 무리들이 푸른 하늘을 덮었습니다.
여왕개미는 더 힘차게 날아올랐습니다.
10미터, 15미터, 20미터.
높이 날아오를수록 수캐미들의 숫자가 줄어들었습니다.
마침내 여왕개미는 가장 높이 날아오른 수캐미를 맞아
공중 결혼을 하였습니다.

여왕개미는 짝짓기를 하고 땅으로 내려왔습니다.
그리고 두 날개를 떼어 버리고 집을 짓기 시작했습니다.
이제부터 새로운 나라를 세우는 것입니다.
그런데 여왕개미와 결혼 비행을 했던 수캐미들은
모두 땅에 떨어져 날개를 떨어뜨리고 죽고 말았습니다.
이것이 수캐미들의 운명이었습니다.
여왕개미는 곧 알을 낳기 시작했습니다.
'부지런한 일개미들이 태어나야 나라가 번성할 수 있지.'
여왕개미는 정성껏 애벌레를 키웠습니다.
애벌레는 무럭무럭 자라 늠름한 개미의 모습이 되었습니다.
"너희는 일개미로 태어났으니 열심히 일을 하거라."
"예, 여왕개미님."
태어나면서부터 일개미들은 온갖 궂은 일을 맡아 하기
시작했습니다.

일개미들은
왜 날개가 없을까요?
(29쪽 아래를 보세요.)

여왕이 세우는 개미나라
15

여왕개미는 계속 알을 낳았습니다.
튼튼한 나라를 세우기 위해서는 자손이 번성해야
하기 때문입니다.
일개미들의 수가 늘어났습니다.
집도 점점 커졌습니다.
그런 만큼 많은 양식이 필요했습니다.

아침 조회 시간입니다.
당번 일개미가 앞으로 나와 큰 소리로 말했습니다.
"식구들이 갑자기 늘어나서 식량이 부족하다.
오늘은 모두 식량을 구하러 나가자.
식량을 발견하는 즉시 달려와서 알려 주면
모두 함께 가지러 가겠다."
일개미들은 각자 흩어졌습니다.

그중 순둥이 일개미도 먹이를 찾아 나섰습니다.
순둥이는 한 번도 집에서 멀리 나가 본 적이 없었습니다.
높고 험한 고개를 몇 개 넘었습니다.
"아이고, 힘들어."
잠시 다리쉼을 하던 순둥이는 갑자기 더듬이를 곤추세웠습니다.
'무언가 있어?'

사방을 둘러보던 순둥이가 드디어 먹이를 발견했습니다.
"먹이다. 와, 엄청나게 크다."
순둥이는 일개미들을 모으러 달려갔습니다.
'먹이를 발견하면 길을 잃어버리지 않게 표시를 해야 돼.'
퍼뜩 생각이 난 순둥이는 배 끝에 있는 샘에서
미끌미끌한 분비물을 뿌리면서 달렸습니다.

"굉장히 큰 먹이를 발견했다."
순둥이는 당번 일개미를 보자
배를 하늘로 쳐들어 보였습니다.
곧 당번 개미가 다른 일개미들에게
똑같은 모양으로 신호를 보냈습니다.
릴레이 신호를 받은 일개미들이
순식간에 새까맣게 모여들었습니다.
"빨리 가자."
길고 긴 행렬이 이어졌습니다.
"와, 크다, 커!"
"안 되겠어. 여러 개로 쪼개서 가져가자."
먹이는 장수잠자리였습니다.
일개미들은 먹이를 여러 개로
나눴습니다.

한 무리는 머리, 또 한 무리는 몸통을,
다른 무리는 꼬리를 맡았습니다.
"자, 집으로 출발."
"영차, 영차."
개미들은 땀을 뻘뻘 흘리며 먹이를 끌고 갑니다.
자기들 몸의 몇 배나 큰 먹이를 힘을 합쳐 끌고 갑니다.
일개미 중 꾀를 부리거나 행렬에서 벗어나는 개미는
한 마리도 없습니다.
"비가 올 것 같다. 어서 빨리 가자."
당번 개미가 큰 소리로
외쳤습니다.

맑은 하늘에 갑자기 구름이 몰려왔습니다.
집에 도착한 일개미들은 먹이를 먹이 방에 쌓아 놓았습니다.
"빨리 *비 설거지를 하자."
당번 일개미가 서둘렀습니다.
순둥이는 집으로 들어오는 문을 흙으로 막았습니다.
빗물이 흘러 들어오지 않게 하는 것입니다.
다른 일개미들도 바쁘게 움직였습니다.
여왕을 돌보고, 쓰레기를 버리고, 집을 넓히기 위해
굴을 팠습니다.
특히 알과 애벌레를 정성껏 핥아 주며
영양분을 주었습니다.

*비 설거지: 비가 오려 할 때 비를
맞혀서는 안 될 물건을
치우거나 덮는 일

비 설거지가 끝날 즈음 죽죽 비 내리는 소리가 들렸습니다.
개미들의 일기 예보가 맞은 것입니다.
번쩍 번개가 일고 천둥소리가 들렸습니다.
그러나 왕개미나라는 걱정 없습니다.

쓰레기를 모아 주는 방
애벌레의 방
수캐미의 방

양식도 넉넉하고, 여왕은 알을 계속 잘 낳고,
애벌레들은 잘 자라고 있으니 말입니다.
이렇게 왕개미나라가 살기 좋은 것은 허리가 휘도록
땀 흘려 일하는 일개미들이 있기 때문입니다.

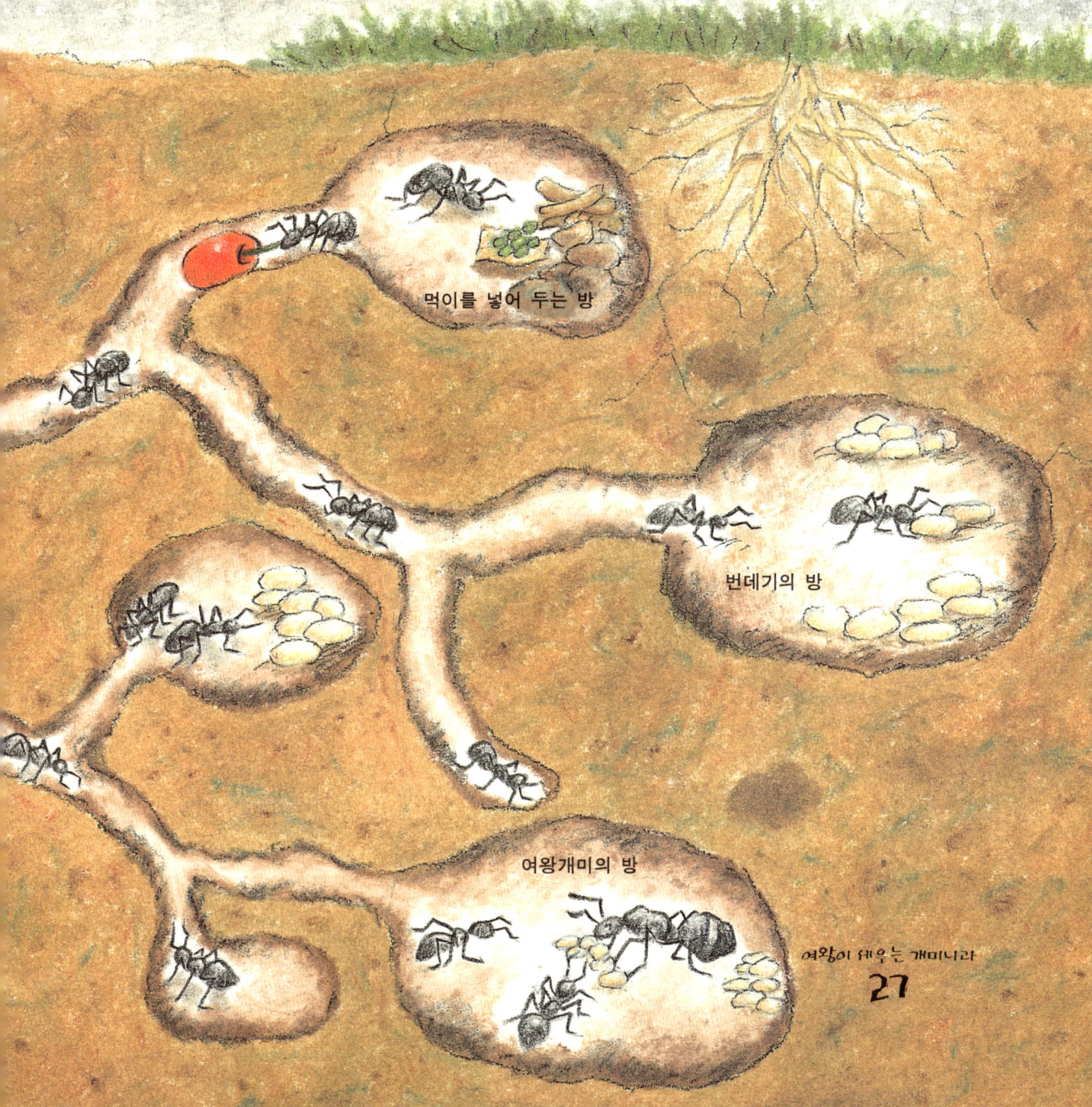

먹이를 넣어 두는 방

번데기의 방

여왕개미의 방

질서 있는 사회생활을 해요

개미는 벌목 개미과에 속하는 곤충입니다.

한살이는 알 - 애벌레 - 번데기 - 어른벌레 입니다.

개미는 아주 작은 곤충입니다. 하지만 무리 지어 협동하는 힘은 아주 커서 자기들 몸보다 몇 배 큰 물건을 옮깁니다. 그리고 부지런합니다. '개미처럼 부지런히 일하자.' 라는 말은 개미들의 근면한 모습에서 따온 말이지요.

개미는 산 · 들 · 집 어디에서나 흔하게 볼 수 있습니다. 아주 높은 산이나 지하 동굴에서도 살고 있다고 합니다. 우리나라에는 약 100여 종류의 개미가 있습니다.

개미의 생김새는 머리 · 가슴 · 배의 3부분이 뚜렷하게 구별되어 있습니다. 특히 머리가 크고 큰턱이 잘 발달되어 먹이를 잘 물어뜯습니다. 개미들은 무리지어 살면서 질서 있는 사회생활을 합니다. 여왕개미 · 수캐미 · 일개미 3종류가 있습니다.

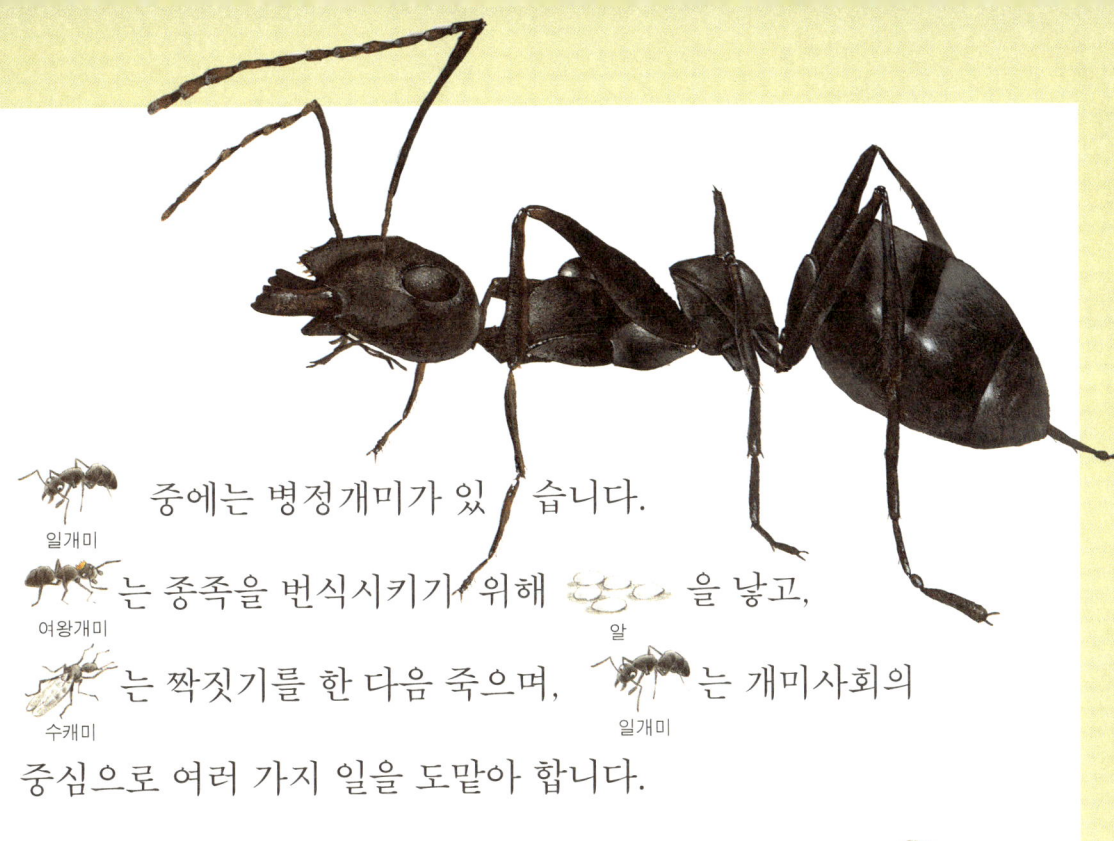

 중에는 병정개미가 있 습니다.
 는 종족을 번식시키기 위해 을 낳고,
 는 짝짓기를 한 다음 죽으며, 는 개미사회의
중심으로 여러 가지 일을 도맡아 합니다.

개미들은 자기들끼리 신호를 보내어 대화를 합니다. 에
있는 샘에서 분비물을 내어 길을 표시하고, 배를 하늘로 쳐들어
먹이를 발견했음을 알립니다. 개미집은 땅속에 짓는데, 깊이가
수 미터 되는 것도 있으며, 의 구조(본문 26·27쪽 참조)가
우리 사람이 사는 처럼 잘 설계되어 있습니다. 드나드는
입구는 언덕을 이루는데 마치 모양으로 되어 있습니다.

왜?

일벌레가 날개가 없는 것은 일을 하기에 편리하기 위해서입니다.
날개가 있으면 좁은 집을 드나드는 데 방해가 되고, 여러 가지 일을
하는데 거추장스럽기 때문입니다.

해바라기 이야기

해를 바라고 피는 태양꽃

옛날에 언니, 동생 요정이 있었습니다.
두 요정은 호수 속에 살았습니다.
해가 서산으로 넘어가고 호수에 어두움이 졌습니다.
그 때 호수의 물결이 흔들리면서 두 요정이 물 위로 나왔습니다.
두 요정은 매일처럼 밤이 되면 호수 밖으로 나와 놀았습니다.
반짝이는 별을 보고 노래하고, 은은한 달빛을 보고
노래했습니다.
재미있는 시간은 빨리 지나갔습니다.
새벽 별이 스러지고 달님도 모습을 감췄습니다.

동이 틀 무렵이 되자, 두 요정은 재빨리 호수 속으로 돌아갔습니다.
"너희들 잘 듣거라. 호수 밖에 나가 노는 것은 좋지만 해가 떠오르기 전에 꼭 돌아와야 한다. 알겠지."
두 요정의 아버지가 이른 말입니다.
두 요정은 아버지 말을 어긴 적이 한 번도 없었습니다.

해를 바라고 피는 태양꽃
35

그러던 어느 날이었습니다.
그날도 해가 지자, 두 요정은 호수 밖으로 나왔습니다.
"어머, 저 달님 좀 봐!"
둥근 보름달이었습니다.
별들도 유난히 반짝거렸습니다.
달빛과 별빛이 호수 위에 쏟아졌습니다.
주위의 나무와 꽃들은 잎을 무성히 피우고
꽃을 피웠습니다.
"정말 아름다운 밤이야."
두 요정은 밤새 달님과 별님을 바라보며
시간을 보냈습니다.
달님과 별님이 사라지자 두 요정은
아쉬워했습니다.

그런데 동편이 훤해지더니 눈부신 태양이 떠올랐습니다.
두 요정은 넋을 잃고 태양을 바라보았습니다.
처음 보는 것이었습니다.
"아폴론(태양)이야!"
두 요정은 입속으로 중얼거렸습니다.
아폴론이 비춘 세상은 밤의 세상에 비교도 안 되게
눈부시고 아름다웠습니다.
아폴론이 두 요정을 보고 부드러운 미소를 지었습니다.
두 요정은 감격하여 손을 흔들었습니다.
그러다가 두 요정은 깜짝 놀랐습니다.
"아니, 우리가……."
그제야 집으로 돌아가지 않고 있는 것을 깨달은 것입니다.
두 요정은 황급히 호수 속으로 들어갔습니다.
다행히 아버지에게 들키지 않았습니다.

해를 바라고 피는 태양꽃

"아폴론이 떠오른 세상은 너무 아름다웠어."
"아폴론님은 정말 멋져."
두 요정은 하루 종일 아폴론만을 생각했습니다.
언니 요정은 아폴론이 너무 보고 싶었습니다.
'나 혼자 아폴론님을 보러 나가야지.'
언니 요정은 나쁜 마음을 먹었습니다.
아버지에게 동생이 어제 낮에 호수 밖으로 몰래
나갔었다고 거짓으로 일러바쳤습니다.
"그게 사실이냐?"
아버지는 노여워하며 동생 요정을 감옥에 가두었습니다.

해를 바라고 피는 태양꽃
41

언니 요정은 아침이 되자, 몰래 호수 밖으로 나왔습니다.
'이제 아폴론님을 나 혼자 실컷 만나야지.'
동쪽 언덕으로 아폴론이 떠올랐습니다.
"아폴론님!"
세상이 찬란하게 빛났습니다.
눈부시게 아름다운 세상이었습니다.
언니 요정은 아폴론님을 향해 손을 흔들었습니다.
그런데 아폴론은 본체만체했습니다.
언니 요정은 이튿날도 나와 아폴론을 맞이하였습니다.
이번에도 아폴론은 본체만체했습니다.
아폴론은 언니 요정의 나쁜 마음을 알고 있었습니다.
그런 줄도 모르고 언니 요정은 매일같이 호숫가에 나와
아폴론을 바라보았습니다.
아폴론은 끝내 아는 척하지 않았습니다.

그러던 어느 날, 언니 요정은 그 자리에 쓰러졌습니다.
그리고 한 줄기 꽃줄기가 되었습니다.
꽃줄기는 해님한테 좀더 가까이 다가가려는 듯
죽죽 키가 자랐습니다.
그리고 아침부터 저녁까지 해님만 바라보았습니다.
동쪽에서 서쪽으로 따라가며 바라보았습니다.
'어서 꽃을 피워야지.'

해바라기는 왜 해를 바라보고 자랄까요?
(53쪽 아래를 보세요.)

둥근 모양의 바깥쪽에 작은 혀꽃이 빙 둘러 피어났습니다.
안쪽에는 대롱 모양의 작은 꽃잎이 빼곡하게 피어났습니다.
그 모습은 마치 태양의 뜨거운 열이 꽃잎으로 하나 하나
피어나는 것 같았습니다.
그리고 마침내 해님을 닮은 커다란 꽃이 활짝 피었습니다.
수백 개의 작은 꽃이 모여 큰 꽃송이가 된 것입니다.
이 꽃의 이름이 해바라기입니다.
해를 바라보며 자라서 해를 닮은 꽃을 피운다고 해서
해바라기라고 부릅니다.

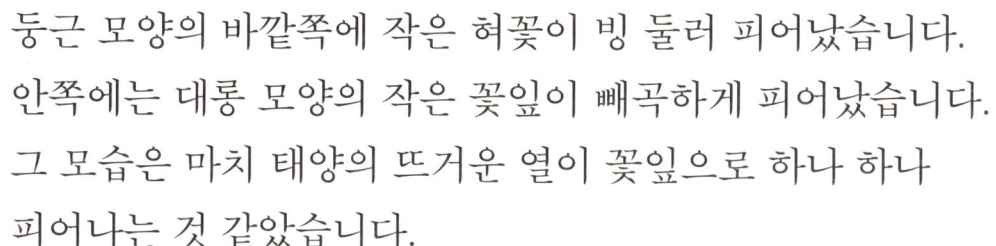

산 밑에 넓은
해바라기 밭이 있습니다.
햇빛을 듬뿍 받을 수 있는 양지바른
곳입니다. 해님을 바라보고 해바라기꽃이
피었습니다. 샛노란 오렌지색 꽃이 눈이 부십니다.
산자락에 핀 키 작은 들꽃들이
해바라기를 부러워했습니다.
"우리도 해바라기처럼 키가 커 봤으면."
"꽃도 크고."
그런데 며칠이 지나자 해바라기꽃은 고개를
숙이기 시작했습니다. 여름내 해님만
바라보고 있던 얼굴을 슬며시 숙이기
시작한 것입니다.

"왜 저런 거지?"
밭둑에 핀 투구꽃이 물었습니다.
"열매를 맺는 거야."
노란 애기금매화가 일러 주었습니다.
정말이지 해바라기의 얼굴은 점점 거뭇하게 변해 갔습니다.
수백 개의 작은 꽃이 하나하나 씨앗이 되어
익어가고 있었습니다.
"꽃이 화려한 건 잠시야."
노란 꽃의 말에 보라색 꽃이 고개를 끄덕였습니다.
"그 대신 씨앗을 거두잖아."
해바라기들은 하루가 다르게 얼굴이 까맣게 익어 갔습니다.
얼굴이 무거운지 고개를 부러질 듯이 늘어뜨리고 있습니다.
한여름 그렇게 해님을 바라보고 당당히 자란 해바라기가
저렇게 고개를 푹 숙이는 것은 왜일까요?
해바라기는 조용히 말했습니다.
"해님 덕에 씨앗을 맺었으니 고맙다는
인사를 드리는 겁니다!"

키도 크고, 잎도 크고, 꽃도 크지요

는 과에 속하는 한해살이풀입니다.

원래 고향은 북아메리카이며, 페루의 나라꽃이기도 합니다.

해를 따라 핀다고 해서 향일화, 태양꽃이라고도 부릅니다.

우리나라에서는 씨앗을 얻기 위해 밭가나 담이나 울타리에

많이 심습니다.

는 키가 2미터나 되고, ㅣ에는 까슬까슬한 털이

많이 나 있습니다. 커다란 잎은 시원한 그늘을 만들어

작은 곤충들이 더위를 피하기도 합니다. ㅣ는 굵으며,

잎은 어긋나게 나는데 아주 크고, 잎에도 털이 나 있습니다.

8~9월에 꽃이 피는데, 으로 피어납니다. 커다란 꽃은

수백 개의 작은 꽃들이 모여서 한 송이를 이루고 있습니다.

바깥쪽에 빙 둘러 피는 꽃은 혀꽃이라고 하고, 안에 빼곡하게 피는

꽃은 대롱꽃이라고 합니다.

꽃이 지면 씨앗이 여물기 시작하는데 까맣게 변합니다.

씨는 말려서 먹기도 하고, 기름을 짜서 식용유로 쓰이며, 꽃잎이나 줄기는 구충제, 해열제 등 약용으로 쓰입니다.

해바라기는 수확을 한 뒤 줄기를 뽑아내기가 무척 힘이 듭니다.

줄기가 굵고 키가 큰데다 뿌리도 크고 튼튼하기 때문입니다.

왜?

해바라기는 줄기가 자라고 꽃이 필 때까지 해를 좇아 움직입니다. 그것은 줄기나 잎, 꽃이 햇빛을 많이 받아 골고루 자라기 위해서입니다. 줄기가 튼튼하게 자라고 꽃이 피고 나면 해를 바라보는 운동을 하지 않습니다.

뻐꾸기 이야기

뻐꾹뻐꾹, 뻐꾸우욱

비리리쫑종~비리리쫑종!
종다리가 노래합니다.
호로로롱~호로로롱!
휘파람새가 따라 노래합니다.
꾀꼴꾀꼴!
꾀꼬리도 노래합니다.
모두 고운 목소리로 노래합니다.
깟깟~깟깟!
까치가 반갑게 우짖습니다.
까옥~까옥!
까마귀가 슬픈 소식을 전하듯 우짖습니다.
그런데 잘 들어 보세요.

뻐꾹~뻐꾹!
뻐꾸우욱~뻐꾸우욱!
쑥꾹~쑥꾹!
여러분 귀에는 뻐꾹새 소리가 어떻게 들리나요?
새들이 노래하고 우짖는다 하면서
왜 뻐꾸기는 운다고 할까요?
뻐꾹뻐꾹, 마디를 똑 끊어서 울고,
뻐꾸우욱~뻐꾸우욱, 마디 없이 울고,
쑥꾹~쑥꾹, 울다가 지친 듯이 울고,
뻐꾸기는 온종일 울어댑니다.
어미를 잃었을까요, 새끼를 잃었을까요?
민들레가 피는 봄부터 울기 시작했어요.
새벽부터 울기 시작했어요.
저녁나절까지 울기만 했어요.
무슨 사연이 있는 걸까요?
산에는 다른 새도 노래하고 우짖지만
뻐꾸기 소리만 높고 멀리 아득하게 메아리쳤어요.

새들은 두 날개를 저어 마음껏 하늘을 날아다닙니다.
하늘이 제 세상입니다.
그러나 새들도 날이 저물면 둥지로 돌아옵니다.
나무에, 풀숲에, 바위틈에, 땅 위에 저마다 쉴
둥지를 짓고 살고 있습니다.
그런데 뻐꾸기는 집이 없습니다.
앉아서 우는 곳이 자기 집입니다.
둥지가 없는 뻐꾸기는 어디에서 잠을 잘까요?
나뭇가지에 앉아서 울다가 그 자리에서 잠을 잡니다.
그럼 알은 어디에 낳고 기르나요. 또 가족은 없나요?
뻐꾸기는 가족은 있지만 같이 살지는 않습니다.
그래서 알도 다른 새의 집에 몰래 낳아 기릅니다.
아, 이제 알겠어요. 뻐꾸기가
목이 쉬게 우는 사연을.
남의 집에 알을 낳기 때문에 그것이 걱정이 되어
우는 게 틀림없어요.

아침부터 엄마 뻐꾸기는 누구네 둥지에
알을 낳을까 하고 궁리를 하고 있습니다.
앞으로 열 개쯤의 알을 낳아야 하는데,
한 둥지에 두세 개씩 맡긴다고 해도
대여섯 둥지가 필요하거든요.
엄마 뻐꾸기와 아빠 뻐꾸기는
먼저 종다리 집으로 날아갔어요.
종다리 집은 산비탈 밀밭 둑에 있었습니다.
종다리는 어제 네 개의 알을 낳았습니다.
곧 알을 품기 시작하겠지요.

아빠 뻐꾸기는 종다리 집이 내려다보이는
나뭇가지에 앉아 울기 시작했습니다.
종다리가 놀러 나오도록 유인하는 것입니다.
아니나 다를까, 노래하기 좋아하는 종다리는
휙 둥지를 나왔습니다.
밀밭 위 높이 날아올라가 '비리리쫑쫑' 노래를 부릅니다.
엄마 뻐꾸기는 '이때다.' 하고 재빨리 종다리 둥지로 날아갔습니다.
예쁜 종다리 알 두 개를 밀밭 골에다 깨뜨려 버렸습니다.
그리고 얼른 알 두 개를 낳았습니다.
색깔과 크기는 조금 다르지만 둥지에는 본래대로
알 네 개가 가지런히 있습니다.
'잘 부탁한다, 종다리야.'
뻐꾸기는 얼른 다른 데로 날아갔습니다.

뻐꾸기는 왜 남의 둥지에 알을 낳을까요?
(77쪽 아래를 보세요.)

'두 번째는 누구네 집으로 할까?'
미리 보아 두었던 개똥지빠귀 집으로 갔습니다.
개똥지빠귀 집은 풀숲에 있었습니다.
마침 개똥지빠귀는 알을 낳고 있는 중이었습니다.
뻐꾸기는 나뭇가지에 앉아 조용히 기다렸습니다.
얼마 후, 알을 낳은 개똥지빠귀가 둥지에서 나갔습니다.
예쁜 알이 세 개였습니다.
뻐꾸기는 재빨리 날아가 금방 낳은 알 한 개를
먹어 치웠습니다.

그리고 알 한 개를 낳아 놓고 나왔습니다.
눈 깜짝할 사이였습니다.
그것도 모르고 개똥지빠귀는 고운 목소리를 뽐내고 있습니다.
개똥지빠귀는 남의 목소리 흉내를 잘 내거든요.

엄마 뻐꾸기의 알 낳기는 다음 날, 그 다음 날까지
계속되었습니다.
때까치, 멧새, 노랑할미새, 개개비 등의 집을
차례로 돌며 알을 낳았습니다.
알을 다 낳은 엄마 뻐꾸기는 한숨을 내쉬었습니다.
'모두들 잘 자라 줘야 할 텐데.'
엄마 뻐꾸기는 남의 둥지에 낳아 논 알을 세어 보았습니다.
종다리 집에 2개, 개똥지빠귀 집에 1개, 때까치 집에 2개,
멧새 집에 1개, 노랑할미새 집에 2개, 개개비 집에 1개,
모두 아홉 개였습니다.
이제 엄마 뻐꾸기의 할 일은 끝났습니다.
다른 둥지에 낳아 놓은 알들이 깨어나 자라서
아빠 뻐꾸기처럼 구성지게 우는 것은 스스로 해야 할 일입니다.
엄마 뻐꾸기는 자식을 키우는 일을 하지 않기 때문입니다.

여러 새들이 뻐꾸기 알을 품는 동안에도
아빠 뻐꾸기는 쉼 없이 울어댑니다.
얼마 후, 여러 둥지 중에서 제일 먼저 새끼 뻐꾸기가
태어난 둥지는 개개비의 집입니다.
개개비의 세 개의 알보다 먼저 알을 깨고 나온 것입니다.
새끼 뻐꾸기는 태어나자마자 자기 할 일이
무엇인지를 알고 있었습니다.
'다른 알들이 깨나면 내가 뻐꾸기라는 걸 알 거야.'
새끼 뻐꾸기는 버둥거리며 알 하나를 등에 지고
둥지 밖으로 밀어냈습니다.
탁 소리를 내며 알이 깨져 버렸습니다.

뻐꾹뻐꾹, 뻐꾸우욱
71

먹이 사냥을 나갔던 개개비가 둥지에
돌아왔을 때는 세 개의 알은 온 데 간 데 없고
벌거숭이 새끼 뻐꾸기뿐이었습니다.
"개개개, 이럴 수가?"
개개비는 깜짝 놀랐습니다.
알 세 개를 도둑맞았으니 얼마나 슬프겠어요.
"너라도 살아 있으니 다행이구나."
그때부터 개개비는 정성을 다해 새끼를,
아니 남의 자식 뻐꾸기를 키웠습니다.
새끼 뻐꾸기는 무럭무럭 자랐습니다.
"잘도 크는구나. 잘도 생겼지."
개개비는 좋아 어쩔 줄을 몰랐습니다.

새끼 뻐꾸기는 가까이 들려오는
아빠 뻐꾸기의 울음소리를 들으며 자랍니다.
"아버지, 어머니. 걱정 마세요.
저는 잘 자라고 있습니다."
새끼 뻐꾸기는 머지않아 훨훨 날아갈 꿈을
그리고 있었습니다.

남의 둥지에서 자라요

봄이 되면 산과 들에서 뻐꾸기가 웁니다. 새 소리 중에서 가장 뚜렷하게 멀리 들리지요. 특히 녹음이 짙어지는 6월에는 우는 소리를 더 자주 들을 수 있습니다. 그것은 산란기(알을 낳음)를 맞이했기 때문입니다.

뻐꾸기는 두견과에 속하는 새로 몸길이가 33센티미터, 몸은 회청색이고, 꽁지는 긴 편입니다.

5~8월 전국 산과 들에서 사는 여름 철새이며, 겨울에는 더운 남쪽 나라로 이동합니다.

뻐꾸기는 우리에게 특이한 울음소리를 들려주며 한철을 보냅니다. 어릴 적 시골 고향에서 듣던 새소리 중 가장 기억에 남는 소리로, 어른이 되어서 그 울음소리를 들으면 고향의 뒷동산이 생각나지요. 그래서 뻐꾸기는 그 생김새는 잘 몰라도 울음소리는 가장 귀에 익은 새입니다.

![뻐꾸기]는 습성(동물의 행동에서 나타나는 특유한 성질)이 매우 특이한 새입니다. 동화에서 읽은 것처럼 ![둥지]가 없으며, 가족이 같이 살지 않으며, ![알]을 남의 ![둥지]에 낳으며, 새끼도 남의 힘으로 기른답니다. 새끼 ![뻐꾸기]는 낳아 준 부모가 따로 있고, 길러 준 양부모가 따로 있는 셈이지요.

새끼일 때는 어린 벌레를 잘 먹으며, 어른이 되면 ![나무]를 해치는 ![송충이]를 잘 먹어 나무들은 아주 고마워한답니다.

왜?
뻐꾸기가 남의 둥지에 알을 낳는 것을 '탁란'이라고 합니다. 남에게 의지하여 알을 품고 기르는 것을 말합니다. 이런 탁란은 뻐꾸기만이 가지고 있는 습성입니다.

민들레 자연과학동화 시리즈 10권

"동화와 그림으로 만나는 신비한 자연의 세계!"

《민들레 자연과학동화》는 신비한 동·식물의 세계를 재미있는 동화와 그림으로 읽고 관찰할 수 있는 자연 생태 동화입니다. 자연과 더불어 살고 있는 소중한 생명체의 신비로움을 이해하고 사랑하고 보존하는 마음으로 기획되었습니다. 이 시리즈를 통해 자라나는 어린이들은 자연과 생명의 소중함을 이해하며 아름다운 꿈과 희망을 키울 수 있을 것입니다.

이상배 글 | 백명식·김성영 그림 | 변형판 | 올컬러 | 각 권 80쪽 | 각 권 9,900원

1권 똥덩이가 좋아요

똥덩이가 좋아요
똥덩이에서 태어나 똥을 먹고 자라는 쇠똥구리는 똥이 많아 행복합니다.

민들레꽃씨의 여행
민들레 마을에 가 보셨나요?
백 개의 낱꽃이 한 송이로 피어났어요.

비 오는 날의 곡예사
귀엽고 신기한 동물로 뽑힌 달팽이.
해님은 싫고, 비 오는 날이 좋아요.

2권 여왕이 세우는 개미나라

여왕이 세우는 개미나라
멋진 결혼 비행을 끝낸 여왕개미는
새로운 개미나라를 세우기 시작했습니다.

해를 바라고 피는 태양꽃
수백 개의 샛노란 혀꽃이 하나하나 모여
마침내 해님을 닮은 태양꽃이 피어났습니다.

뻐꾹뻐꾹, 뻐꾸우욱
떠돌이 엄마뻐꾸기는 다른 새들의 둥지에
알을 낳느라 분주한 하루를 보냈습니다.

3권 다람 다람 다람쥐야

7년 만에 노래 불러요
참매미 애벌레는 한 가지 노래를 부르기
위해 땅속에서 7년을 보냈습니다.

뚜뚜따따, 나팔 불어요
나팔꽃은 매일 아침마다 뚜뚜따따 나팔
불러요.

다람 다람 다람쥐야
귀여운 다람쥐 형제 알람이, 이람이, 삼람이, 사람이는 산속에서 유격 훈련 중이에요.

4권 고슴도치 꼬슬이가 밤송이가 되었네

저 많은 잠자리들은 어디서 왔을까?
빙글빙글 동동! 씽씽 바람을 가르며
하늘을 나는 잠자리들은 멋진 비행사입니다.

달밤에 달님을 보고 피는 달맞이꽃
달님이 떠오르자 노란 달맞이꽃이 피었어요.
달님도 달맞이꽃도 환하게 웃었어요.

고슴도치 꼬슬이가 밤송이가 되었네
나를 건들지 마. 나는 가시 옷을 입었다고.
자그마치 만 개가 넘는다구.

5권 뿡뿡 방귀쟁이 노린재

뿡뿡 방귀쟁이 노린재
"으윽! 세상에 이렇게 독한 냄새가……"
냄새에 취한 숲 속의 동물들은 도망쳤어요.

참나무님, 도토리 키재기 해 봐요
도토리가 열리는 꿀밤나무를 아시나요?
나무 중의 나무, 진짜 나무는 참나무래요.

두더지 반들이의 소원
반들이는 캄캄한 땅속이 좋아요. 지렁이·땅강아지·달팽이 먹을 게 많거든요.

6권 거무야, 거미야 왕거미야

거무야, 거미야 왕거미야
거미줄은 나의 집, 나의 사냥터
아름답고 튼튼하고 아주 특별한 나의 집!

붉은 잎, 붉은 치마 단풍나라
방귀 뀐다 뽕나무, 불붙었네 단풍나무
치! 나는 낙엽이 되어 떨어지기 싫어요!

귀또리야, 귀뚤이야 귀뚜라미야
치치~치르르! 가을밤을 새워 우는
귀뚜라미는 가을의 시인입니다.

7권 풀숲의 사냥꾼 왕사마귀

기럭 기러기야 어디서 날아오니
기럭 기러기 줄지어 날아가네.
무슨 소식 전하려고 저리 날아갈까?

세상에서 가장 아름다운 꽃, 목화라네
백의 민족은 흰 옷을 즐겨 입었지요. 그 무명 흰 옷을 만드는 꽃이 목화송이랍니다.

풀숲의 사냥꾼 왕사마귀
나는야, 풀숲의 사냥꾼 왕사마귀! 여치도, 메뚜기도, 개구리도, 별로 무섭지 않아.

8권 세상에서 가장 행복한 곤충, 칠성 무당벌레

세상에서 가장 행복한 곤충, 칠성 무당벌레
칠성무당벌레는 예쁘고 행복한 벌레랍니다.

개골개골 개굴아, 개구리야 왜 우니?
개골개골개굴개굴! 개구리들이 웁니다.
개구리들은 울기 위해서 태어난 모양입니다.

밟고 밟아도 질기고 질긴 질경이
질경이는 위험한 곳을 좋아합니다. 밟히고 밟혀도 질기게 꿋꿋이 자랍니다.

9권 나풀나풀 팔랑팔랑 아름다운 나비 일기

나풀나풀 팔랑팔랑 아름다운 나비 일기
날아다니는 가장 아름다운 곤충 나비들이 꽃을 찾아 팔랑팔랑 나풀나풀 날아갑니다.

초음파 사냥꾼 박쥐
검은 망토를 입고 밤에 나타나는 박쥐들은 빱~빱~빱 하고 피리를 붑니다.

초롱초롱 피어난 초롱꽃
초롱꽃이 피었어요. 밤새 밝힌 초롱처럼,
종을 닮은 초롱꽃이 초롱초롱 피었어요.

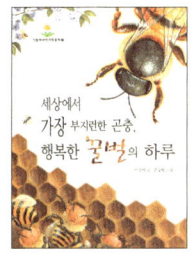

10권 세상에서 가장 부지런한 곤충, 행복한 꿀벌의 하루

가장 빨리 나는 새, 제비
제비는 봄이면 강남에서 돌아오는 철새입니다. 그런데 제비가 돌아오지 않고 있습니다.

세상에서 가장 부지런한 곤충, 행복한 꿀벌의 하루
꿀벌 중의 일벌은 일을 하기 위해 태어났습니다. 그래도 꿀벌은 행복합니다.

꽃 중에서 가장 이름이 많은 제비꽃-오랑캐꽃
별처럼 아름다운 제비꽃이 왜 오랑캐꽃이라는 이름으로 불릴까요?